Βιβλίο Α

Τα Παιδιά της Γειτονιάς

Children From the Neighborhood

Theodore C. Papaloizos, Ph.D

ISBN # 978-0-932416-98-8
Copyright 2012 By Papaloizos Publications Inc.

4th Edition

Printed in Korea

Greek123.com

Introduction - Review

A. Match the word to the picture:

1. **τετράδιο**   2. **μολύβι**   3. **θρανία**   4. **στυλό**

5. **δασκάλα**   6. **μαθητές**   7. **βιβλίο**   8. **δάσκαλος**

B. Write the word:

1. _____   2. _____   3. _____

C. Match the word to the picture:

1. **νερό**   2. **σοκολάτα**   3. **πορτοκαλάδα**   4. **γάλα**

D. Match the word to the picture:

1. **κόκκινο μήλο**

2. **άσπρο γάλα**

3. **μαύρο μολύβι**

4. **έξι**

5. **τυρί**

6. **πρωί**

7. **δέκα**

8. **είκοσι**

9. **πράσινο φύλλο**

10. **τρία**

4

Ο Γιάννης

A. Circle the correct answer: **Ποιο είναι το αγόρι;**

B. Check the two correct answers:

Ο Γιάννης λέει: Είμαι καλό παιδί.   _____
                      Είμαι στο σχολείο.   _____
                      Είμαι ψηλό παιδί.   _____

C. Check the correct answer:

Ο Γιάννης: Πίνει πορτοκαλάδα.   _____
                 Πίνει νερό.   _____
                 Πίνει σοκολάτα.   _____
                 Πίνει γάλα.   _____

D. Form words from the scrambled letters:

αγόρι   τρώω   κορίτσι   φαγητό

1. ρογια   αγόρι

2. ηγτφοα   _____

3. στιοκιρ   _____

4. ωωρτ   _____

E.   Fill in the blanks:

    1.   **Ο Γιάννης τρώει** (cheese) _____

    2.   **Το αγόρι τρώει** (an apple) _____

    3.   **Το κορίτσι τρώει** (meat)   _____

F.   Find the hidden words: **φαγητό**   **γάλα**   **γειτονιά**

    φ ο δ α μ ι ω τ α
    α ι ο λ κ α λ γ ε
    γ ε ι τ ο ν ι α μ
    η γ ρ ι α ν ε λ ι
    τ ζ η χ ρ α π α μ
    ο β ο η μ τ α χ α

G.   Complete the sentences with these words:

    τρώω   **τρως**   **τρώει**

    1.   **Η Ελένη** _____ **φαγητό.**

    2.   **Εσύ** _____ **κρέας.**

    3.   **Εγώ** _____ **τυρί.**

H.   Write the sound of these double letters:

    1. **αι** = _____   3. **οι** = _____   5. **ει** = _____

    2. **ου** = _____   4. **αυ** = _____ or _____

6

Ο Σταύρος

A.   Check the correct answer:

1.   **Ο Σταύρος το πρωί λέει:**   καληνύχτα   _____
καλησπέρα   _____
καλημέρα   _____
χαίρετε   _____

2.   **Το βράδυ λέει:**   καλησπέρα   _____
χαίρετε   _____
καλημέρα   _____
καληνύχτα   _____

B.   Put the numbers in order:

δύο   δέκα   οχτώ   ένα   πέντε   τρία   εφτά   δώδεκα

1. _____   4. _____   7. _____

2. _____   5. _____   8. _____

3. _____   6. _____

C.   Form words from the scrambled letters:

νύχτα   καλησπέρα   μεσημέρι

1.   **αρεπσηλακ**   _____

2.   **ιρεμησεμ**   _____

3.   **χνταυ**   _____

7

D. Practice writing the letter ξ:

_____

E. Fill in the blanks with the words:

ξέρω   ξέρεις   ξέρει

1. **Ο Γιάννης** _____

2. **Εγώ** _____

3. **Ο Σταύρος δεν** _____

4. **Εσύ** _____

F. Write in Greek how we greet:

1. In the morning, we say _____

2. In the evening, we say _____

3. At night, we say _____

G. Translate to Greek:

1. I say good morning. _____

2. I say hello. _____

3. Good morning. _____

4. It is morning. _____

Μάθημα τρίτο - Lesson 3

Η Σοφία

A.   Fill in the blanks:

    1.   **Είμαι ένα μικρό** (girl)   _____

    2.   **Έχω μαύρα** (eyes)   _____

    3.   **Έχω ωραία** (hair)   _____

B.   Check the two correct answers:

    1.   **Η Σοφία είναι δέκα χρονών.**   _____

    2.   **Η Σοφία έχει κόκκινα μαλλιά.**   _____

    3.   **Η Σοφία είναι μια μαθήτρια.**   _____

    4.   **Η Σοφία παίζει με τα άλλα κορίτσια.**   _____

C.   Put the letters of the alphabet in order:

ρ   μ   ξ   α   φ   ω   λ   ζ   δ   γ   ι

θ   χ   ψ   π   τ   σ,ς   ν   η   υ   β   ε

ο   κ

_____

_____

_____

D.   Make these words into sentences:

1.   **άλλα τα με Παίζω κορίτσια.**

   _____

2.   **πράγματα. πολλά Ξέρω**

   _____

3.   **μικρό κορίτσι. ένα Είμαι**

   _____

E.   Write three sentences using any of these words:

   μάτι   πρόσωπο   μαλλιά   διαβάζω   έχω   φίλη

1.   _____

2.   _____

3.   _____

10

Ο Νίκος

A.   Check the two correct answers:

1.   **Ο Νίκος είναι ένα δυνατό αγόρι.**   _____

2.   **Ο Νίκος παίζει τέννις.**   _____

3.   **Το καλοκαίρι ο Νίκος παίζει μπέιζμπολ.**   _____

B.   Write the word:

1._____   3._____

2._____   4._____

C. Fill in the blanks:

1. **Του αρέσει το** (milk) _____

2. (I like) _____ **τα μήλα.**

3. **Σου αρέσει το κρύο** (water) _____

D. Fill in the blanks with the words:
    ξέρω   and   ξέρει

1. **Ο Νίκος** _____ **τον Γιάννη.**

2. **Εγώ** _____ **να διαβάζω.**

3. **Η Σοφία** _____ **πολλά πράγματα.**

E. Fill in the blanks with the correct numbers:
    Ο Νίκος μετρά τα καλάθια:

1	ένα	καλάθι	6	_____	καλάθια
2	_____	καλάθια	7	_____	καλάθια
3	_____	καλάθια	8	_____	καλάθια
4	_____	καλάθια	9	_____	καλάθια
5	_____	καλάθια	10	_____	καλάθια

Μάθημα πέμπτο - Lesson 5

Η Μαργαρίτα

A.   Connect to make correct sentences:

1.   **Η Μαργαρίτα είναι**   **κάτι κόκκινο.**

2.   **Η Μαργαρίτα έχει**   **πλένεται και ντύνεται.**

3.   **Η Μαργαρίτα**   **την Κοκκινοσκουφίτσα.**
      πάντοτε φοράει

4.   **Η Μαργαρίτα**   **ξανθά μαλλιά.**
      το πρωί

5.   **Η Μαργαρίτα**   **μικρούλα.**
      μοιάζει με

B.   Complete with these words:

κόκκινο   κόκκινη   κόκκινα   κόκκινες

1.   _____ **φουστάνι**

2.   _____ **κάλτσες**

3.   _____ **παπούτσια**

4.   _____ **κορδέλα**

13

C.   Complete the sentences with the correct words:

κόκκινα   παπούτσια   μαλλιά   ρούχα   Μαργαρίτα

1.   **Η Μαργαρίτα έχει ξανθά** _____

2.   **Της αρέσουν τα κόκκινα** _____

3.   **Στα πόδια φοράει κόκκινα** _____

D.   Write the word:

1. _____   2. _____   3. _____   4. _____

E.   Form words from the scrambled letters:

κόκκινα   παπούτσια   μαλλιά   ρούχα   Μαργαρίτα

1.   **αιλλαμ** _____

2.   **γαταμαρρι** _____

3.   **οκικανκ** _____

14

Μάθημα έκτο - Lesson 6

Η Ρένα

A.   Check the correct answer:

1.   **Η Ρένα είναι μια δασκάλα.**   _____

2.   **Η Ρένα παίζει βιολί.**   _____

3.   **Η δασκάλα φοράει ένα φουστάνι.**   _____

4.   **Ο Νίκος ακούει τη Ρένα που παίζει βιολί.
     Του αρέσει.**   _____

B.   Find the hidden words: **μουσική**   **εβδομάδα**   **ακούω**

```
ε   τ   δ   α   μ   ι   ω   τ   ρ
β   ι   ο   λ   κ   α   λ   φ   ε
δ   ε   ι   ρ   ο   ν   ι   α   μ
ο   γ   ρ   ι   α   ν   ε   μ   ι
μ   ο   υ   σ   ι   κ   η   α   μ
α   β   ο   η   μ   τ   α   χ   α
δ   α   δ   α   κ   ο   υ   ω   τ
α   ν   ι   α   μ   ο   υ   σ   ι
```

C.   Make these words into sentences:

1.   **εβδομάδα. φορά την μάθημα μια Κάνει**

     _____

2.   **αυτιά Τότε ακούς. κλείσε μην σου τα να**

     _____

15

D.   Translate to Greek:

    1.   I listen to music.

        _____

    2.   I hear music.

        _____

    3.   He listens to his mother.

        _____

    4.   She listens to music.

        _____

E.   Match the Greek word to the English word:

    1.   lesson   ευχαριστώ

    2.   orange juice   αβγά

    3.   eggs   μαλλιά

    4.   clothes   μάθημα

    5.   thank you   πορτοκαλάδα

    6.   hair   ρούχα

Μάθημα έβδομο - Lesson 7

Η Αλεξάνδρα

A.   Check the correct answers:

1.   **Η Αλεξάνδρα δεν πεινάει.** _____

2.   **Η Αλεξάνδρα γυρίζει από
το σχολείο το βράδυ.** _____

3.   **Η Αλεξάνδρα θέλει να φάει κάτι.** _____

4.   **Θέλει να φάει ζαμπόν και τυρί.** _____

5.   **Θέλει να φάει λίγη κότα.** _____

B.   Write the word:

1. _____   3. _____   5. _____

  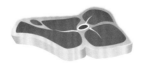 

2. _____   4. _____   6. _____

C. Write one of these articles in front of the words where needed:

ο   η   το   τα

1. ____ **σχολείο**   5. ____ **Μαργαρίτα**   9. ____ **αγόρι**

2. ____ **ποτήρι**   6. ____ **Γιαννάκης**   10. ____ **παίζω**

3. ____ **χειμώνας**   7. ____ **πορτοκαλάδα**   11. ____ **αβγό**

4. ____ **μαλλιά**   8. ____ **καλοκαίρι**   12. ____ **έχω**

D. Say these sentences in Greek:

1. I want bread and cheese.

2. He wants a glass of milk.

3. What do you want?

4. Do you want a glass of orange juice?

5. She wants some meat.

6. He eats fish.

7. I eat fruit.

8. I like fruit.

E. Circle the things we can eat:

ντομάτα   παπούτσια   ζαμπόν   κάλτσες   τετράδιο

ψωμί   βιβλίο   κρέας   μαρούλι   κότα   τυρί

18

Μάθημα όγδοο - Lesson 8

Ο Τάκης

A. Complete the sentences with words from the lesson:

1. **Ο Τάκης θέλει όλο να** _____

2. **Ο Τάκης ανοίγει το** _____

3. **Ο Τάκης κοιτάζει στα** _____

4. **Ο Τάκης τρώει ό,τι** _____

B. Connect to make correct sentences:

1. **Τρώω**   την πόρτα.

2. **Πίνω**   το φαγητό μου.

3. **Ανοίγω**   στο τετράδιο.

4. **Γράφω**   μια ζεστή σοκολάτα.

5. **Διαβάζω**   το βιβλίο.

C. Some of the little words (articles) in front of the words are wrong. Can you find the correct ones?

1. **το** ____ **μητέρα**   3. **η** ____ **ψυγείο**   5. **η** ____ **βιβλίο**

2. **ο** ____ **παγωτό**   4. **το** ____ **σοκολάτα** 6. **ο** ____ **τυρί**

D.   More than one:

1. **το παιδί   τα παιδιά**   4. **το αγόρι** _____

2. **το ποτήρι** _____   5. **το κορίτσι** _____

3. **το μολύβι** _____   6. **το ψωμί** _____

E.   Translate to Greek:

1.   I open the door.

   _____

2.   I eat ice cream.

   _____

3.   I want potato chips.

   _____

4.   I like to eat.

   _____

5.   I look everywhere.

   _____

F.   Form words from the scrambled letters:

   κοιτάζει   κουζίνα   φαγητό   ψυγείο   παγωτό

1.   **ηγαφοτ** _____

2.   **ανιζουκ** _____

20

Η Αθηνά

A. Check the correct answers:

1. **Η Αθηνά ζωγραφίζει.**   _____

2. **Η Αθηνά ζωγραφίζει με μπογιές.**   _____

3. **Η Αθηνά ζωγραφίζει πατατάκια.**   _____

4. **Η ελληνική σημαία έχει κόκκινες γραμμές.**   _____

5. **Η μητέρα ζωγραφίζει μια ωραία σημαία.**   _____

B. Complete the sentences with these words:

   ζωγραφίζω   ζωγραφίζεις   ζωγραφίζει

1.   **Σοφία, τι**   _____

2.   **Η Ρένα δεν ξέρει τι**   _____

3.   **Μου αρέσει να**   _____

4.   **Δεν του αρέσει να**   _____

C. Fill the blanks with the missing letters. Select letters from this list:

   η   αί   αί   ό   ή   η   η   ι   θ   ά

1. ωρ___ο   3. γραμμ___   5. Α___ ___ν___

2. σ___μ___α   4. ελλ___ν___κ___

21

D.   Answer the questions:

1.   **Τι ζωγραφίζει η Αθηνά;**

   _____

2.   **Πόσες μπλε γραμμές έχει η σημαία;**

   _____

3.   **Πόσες άσπρες γραμμές έχει η σημαία;**

   _____

4.   **Τι έχει η σημαία στη μια γωνιά;**

   _____

E.   Color the flag:

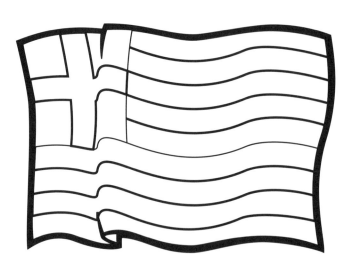

Μάθημα δέκατο - Lesson 10

Ο Μανόλης

A. Check the correct answers:

1. **Ο Μανόλης τρώει:**   **τηγανιτά αβγά**   _____

    τηγανιτές πατάτες   _____

    τηγανιτά ψάρια   _____

2. **Ο Μανόλης τρώει πατατάκια:**

    μόνο το πρωί   _____

    το πρωί και το βράδυ   _____

    το πρωί, το μεσημέρι και το βράδυ   _____

B. Write the word:

1. _____   3. _____   5. _____

2. _____   4. _____   6. _____

23

C. Complete the sentences by using these words:

τη λένε, τον λένε, με λένε, σε λένε, το λένε

1. **Αυτόν** _____ **Γιάννη.**

2. **Εμένα** _____ **Γιώργο.**

3. **Αυτή** _____ **Μαρία.**

4. **Αυτό το κορίτσι** _____ **Αφροδίτη.**

5. **Εσένα** _____ **Μανόλη.**

D. Put the numbers in order and write their name in Greek:

11   9   2   1   14   10   6   16   20   15

1. _____   6. _____

2. _____   7. _____

3. _____   8. _____

4. _____   9. _____

5. _____   10. _____

E: Say these sentences in Greek:

1. I have ten books.

2. I like my book.

3. She likes french fries.

Η Άννα

A.   The verb "**μιλώ**" means "I talk".

εγώ	**μιλώ** or **μιλάω**	I talk
εσύ	**μιλάς**	you talk
η Άννα	**μιλά** or **μιλάει**	she talks

Use the verb to complete the sentences:

1.   **Ο Γιώργος** _____ **με τον πατέρα του.**

2.   **Εσύ, με ποιον** _____

3.   **Εγώ δε** _____ **πολύ.**

4.   **Η Άννα τα ξέρει όλα και** _____ **πολύ.**

B.   Fill in the blanks with the words: **καλός, καλή, καλό, καλά**

1.   **Η Άννα είναι** _____ **κορίτσι.**

2.   **Η Άννα είναι** _____ **μαθήτρια.**

3.   **Ο αδελφός μου είναι** _____

4.   **Τα παιδιά είναι** _____

5.   **Η** _____**μητέρα αγαπά τα** _____**παιδιά.**

C.   Fill in the blanks with the words: **λέω, λες, λέει**

1.   **Η δασκάλα** _____ **στα παιδιά.**

2.   **Ο Γιάννης** _____ **κάτι.**

3.   **Εσύ, τι** _____**;**

4.   **Ο Γιώργος, τι** _____**;**

D.   More than one:

1.   **ένα βιβλίο**

      δυο _____

2.   **ένα κόκκινο φουστάνι**

      δυο _____

3.   **μια ωραία κούκλα**

      τρεις _____

4.   **ένα ποτήρι νερό**

      δυο _____

E.   Find the hidden words:

αδελφός   δασκάλα   ομάδα   πατέρας

α τ δ α μ ι π τ ρ
δ α σ κ α λ α φ ε
δ δ ι ρ ο ν τ α μ
ο ε ρ ι μ ν ε μ ι
π λ υ σ α κ ρ α μ
α φ ο η δ τ α χ α
τ ο δ α α ο ς ω τ
α ς ι α μ ο υ σ ι

26

Ο Αλέξης

A.   Answer the questions:

1.   **Τι έχει ο Αλέξης;**

   _____

2.   **Τι χρώματα έχουν οι μπάλες;**

   _____

3.   **Τι παιχνίδι παίζει ο Αλέξης;**

   _____

4.   **Ποιος είναι ο φίλος του Αλέξη;**

   _____

B.   Say these words in Greek:

1. book	5. school	9. good	13. father	17. mother
2. I go	6. orange juice	10. face	14. hair	18. I have
3. ten	7. good morning	11. twelve	15. eye	19. weather
4. I eat	8. I am	12. I play	16. I drink	20. ball

C.   Write "**ο, η, το**, or **τα**" in front of these words:

1. ____ **μπάλα**   4. ____ **δασκάλα**   7. ____ **πόρτα**

2. ____ **καιρός**   5. ____ **αδελφός**   8. ____ **χέρι**

3. ____ **παιδιά**   6. ____ **μαλλιά**

D.   Write the colors in Greek:

1. _____   3. _____   5. _____   7. _____

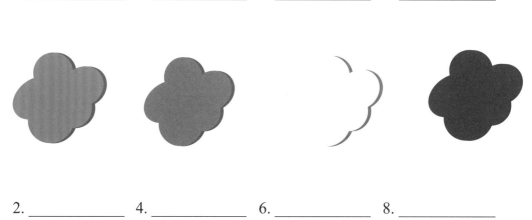

2. _____   4. _____   6. _____   8. _____

E.   Complete the sentences with these words:

παίζω, παίζεις, παίζει, παίζουμε, παίζουν

1.   **Τα παιδιά** _____ **μπάσκετ.**
2.   **Εμείς** _____ **ποδόσφαιρο.**
3.   **Ο Νίκος** _____ **τέννις.**
4.   **Εσύ τι** _____
5.   **Εγώ** _____ **πολλά παιχνίδια**

Μάθημα δέκατο τρίτο - Lesson 13

Ο Βασίλης

A.   Write the word:

1. _____   3. _____   5. _____

2. _____   4. _____   6. _____

B.   Write the word:

1.   school   _____

2.   book   _____

3.   flag   _____

4.   desk   _____

5.   pupil (boy)   _____

6.   pupil (girl)   _____

C.   Complete the sentences with these words:

είμαι, είσαι, είναι

1.   **Αυτό** _____ **ένα μολύβι.**
2.   **Εσύ** _____ **μια δασκάλα.**
3.   **Εγώ** _____ **ένας δάσκαλος.**
4.   **Η Μαρία** _____ **μια μαθήτρια.**
5.   **Ο Νίκος** _____ **ένας μαθητής.**

D.   Use: **έχω, έχεις, έχει, έχουμε, έχετε, έχουν**

1.   **Η δασκάλα** _____ **το βιβλίο.**
2.   **Εσύ, τι** _____
3.   **Εγώ** _____ **πολλά βιβλία.**
4.   **Εμείς δεν** _____ **μολύβια.**
5.   **Τα παιδιά** _____ **πολλά μολύβια.**

E.   Two or more:

1.   **ένα βιβλίο**   **πολλά** _____
2.   **ένα σχολείο**   **δυο** _____
3.   **μια βιβλιοθήκη**   **δυο** _____
4.   **ένα μολύβι**   **δυο** _____
5.   **ένα τετράδιο**   **δυο** _____
6.   **μια σημαία**   **δυο** _____
7.   **μια κιμωλία**   **δυο** _____

30

Η Βαγγελιώ

A. Fill in the blanks with these words:

ελληνικός, ελληνική, ελληνικό

1. _____ χορός   5. _____ βιβλίο
2. _____ όνομα   6. _____ σημαία
3. _____ κρασί   7. _____ τυρί
4. _____ μουσική   8. _____ σχολείο

B. Translate the words in parentheses:

1. **Το παιδί** (drinks) **πίνει γάλα.**

2. **Η Μαρία** (dances) _____ **ελληνικό χορό.**

3. **Ξέρουμε να** (dance) _____ **ελληνικούς χορούς.**

4. **Εσύ, ξέρεις να** (dance) _____

5. **Εγώ** (dance) _____ **πολύ καλά.**

C. The following sentences are wrong. Can you correct them?

1. **Η Μαρία είναι καλή κορίτσι.**

    _____

2. **Ο Βαγγέλης πίνω γάλα.**

    _____

3. **Τα παιδιά παίζεις ποδόσφαιρο.**

    _____

4. **Η μέρα σήμερα είσαι Δευτέρα.**

    _____

D.   Say these sentences in Greek:

    1.   I have three pencils.
    2.   I drink milk.
    3.   I eat my food.
    4.   I play games.
    5.   We do not have school today (**σήμερα**).
    6.   I like my school.

E.   Translate the words in parentheses:

    1.   **Έχω** (ten) _____ **μολύβια.**
    2.   **Ξέρω** (three) _____ **τραγούδια.**
    3.   **Είμαι** (seven) _____ **χρονών.**
    4.   **Έχει** (two) _____ **αδέλφια.**
    5.   **Ύστερα από το** (six) _____ **έρχεται το**
          (seven) _____

F. Circle the words that show action (verbs):

    χέρι   βλέπω   τρώω   μέρα

    όνομα   Νίκος   παίζω   μάθημα

    σχολείο   περπατώ   ξέρω   γράφω

    διαβάζω   καλησπέρα   ακούω   λέω

32

Μάθημα δέκατο πέμπτο - Lesson 15

Ο Μίμης

A. Check the correct sentences:

1. **Ο Μίμης είναι καλό παιδί,**
    γιατί παίζει ποδόσφαιρο. _____

2. **Γιατί το λέει όλος ο κόσμος.** _____

3. **Γιατί πίνει όλο το γάλα του.** _____

4. **Ο Μίμης έχει και άλλο όνομα,**
    Δημήτρης. _____

B. Make these words into sentences from the lesson:

1. **τα τετράδιά μου, καθαρά, τα βιβλία μου, και, κρατώ**

    _____

2. **καλό, είναι, πιο, ο, παιδί, Μίμης, το**

    _____

C.   Write the names of these objects:

1. _____   2. _____   3. _____

33

D.   Translate to Greek:

1.   I am a good boy. _____

2.   Mimis is a good boy. _____

_____

3.   My hands are clean.   _____

4.   He listens to his father and mother. _____

_____

E.   Complete the sentences with the verb: **γίνομαι, γίνεσαι, γίνεται**

1.   **Το νερό** _____ **πάγος.** (ice)

2.   **Τι** _____ **ο Νίκος;** (How is Nick?)

3.   **Εσύ τι** _____ **;** (How are you?)

F.   Match:

1.	**κόκκινο**	**πίνακας**
2.	**άσπρο**	**λεμόνι**
3.	**γαλανή**	**μήλο**
4.	**κίτρινο**	**ουρανός**
5.	**μαύρος**	**θάλασσα**
6.	**γαλάζιος**	**χιόνι**

Μάθημα δέκατο έκτο - Lesson 16

Η Μαρία

A.   Answer the questions:

   1.   **Τι αγαπάει η Μαρία;**

   _____

   2.   **Από πού κόβει λουλούδια;**

   _____

   3.   **Τι λουλούδια κόβει;**

   _____

   4.   **Ποιο τραγούδι τραγουδούν τα κορίτσια;**

   _____

B.   Write the word:

1. _____   2. _____   3. _____

C. Complete the sentences with the verb: **κόβω**

    1. Εγώ _____ψωμί με ένα μαχαίρι.

    2. Τα παιδιά _____ μήλα από τη μηλιά.

    3. Η Ελένη _____ λουλούδια από τον κήπο.

    4. Ο Γιάννης _____ το χόρτο κάθε εβδομάδα.

    5. Εσύ πώς _____ το κρέας;

D. Correct the sentences:

    1. **Η Μαρία αγαπάς τα λουλούδια.**

        _____

    2. **Το τριαντάφυλλο είναι ένα φαγητό.**

        _____

    3. **Κρύβονται μέσα από ένα θάμνο.**

        _____

    4. **Κόβουμε το ψωμί με το κουτάλι.**

        _____

E. More than one:

    1. ένα λουλούδι   πολλά _____

    2. ένα τριαντάφυλλο   τρία _____

    3. μια αυλή   δυο   _____

    4. μια βιολέτα   δυο   _____

    5. ένα σπίτι   πολλά _____

    6. μια μέρα   πολλές_____

Η Κούλα

A. Answer the questions:

1. **Πού πηγαίνουν τα παιδιά;**

    _____

2. **Τι βλέπουν στο πάρκο;**

    _____

3. **Τι κολυμπούν στη λίμνη;**

    _____

4. **Τι πουλιά είναι;**

    _____

B. Complete the sentences with some of these words:

περπατώ, περπατάς, περπατά, περπατούν

πετώ, πετάς, πετά, πετούν

1. **Μια πάπια** _____

2. **Ένα πουλί** _____

3. **Ο Δημήτρης** _____**δεν**

    _____

4. **Τα πουλιά** _____

5. **Οι πάπιες** _____**και**

    _____

6. **Ένα σκυλάκι δεν** _____**αλλά**

    _____

C.   Write "**ο**, **η**, **το**, or **τα**" in front of these words where needed:

1. _____ **έξω**   4. _____ **αέρας**   7. _____ **περίπατος**

2. _____ **νερό**   5. _____ **πουλί**   8. _____ **πάπια**

3. _____ **λίμνη**   6. _____ **πάρκο**   9. _____ **τώρα**

D.   Say these words in Greek:

1. flower   5. house   9. yard   13. garden   17. Saturday

2. ear   6. eye   10. face   14. hair   18. nose

3. bread   7. cheese   11. fish   15. knife   19. spoon

4. table   8. chair   12. day   16. night   20. morning

E.   Fill in the blanks with: **όμορφος, όμορφη, όμορφο**

1.   _____ **πάρκο**

2.   _____ **πουλί**

3.   _____ **περίπατος**

4.   _____ **λίμνη**

5.   _____ **πάπια**

6.   _____ **ουρανός**

F.   Put the scrambled letters in order:

1. **νρόε** _____   3. **ίουλπ** _____

2. **ααέςρ** _____   4. **αάππι** _____

Η Κατερίνα

A. Complete the sentences:

1. **Η Κατερίνα έχει στο χέρι της μια** _____
2. **Της αρέσουν οι** _____
3. **Κάθε μέρα τρώει μια μικρή** _____
4. **Οι φίλες της τη λένε** _____
5. **Πίνει μιλκσέικ με** _____

B. The verb: "I have" - **έχω**

εγώ	έχω	I have
εσύ	έχεις	you have
αυτός, αυτή, αυτό	έχει	he has, she has, it has
εμείς	έχουμε	we have
εσείς	έχετε	you have
αυτοί, αυτές, αυτά	έχουν	they have

Complete the sentences using this verb:

1. **Τα παιδιά** _____**πολλά παιχνίδια.**
2. **Εσείς δεν** _____**παιχνίδια.**
3. **Εμείς** _____**ωραία βιβλία.**
4. **Ο Μανόλης** _____**ένα ποδήλατο.**
5. **Εσύ, Γιάννη,** _____**ποδήλατο;**
6. **Όχι, εγώ δεν** _____**ποδήλατο.**

39

C. Do the same with the verb: **θέλω**

    1. **Εγώ** _____ **κάτι να φάω.**

    2. **Εσύ, τι** _____ **να φας;**

    3. **Εμείς** _____ **δυο σοκολάτες.**

    4. **Εσείς,** _____ **σοκολάτες;**

    5. **Όχι, εμείς δε** _____ **σοκολάτες.**

    6. **Εσείς, τότε τι** _____ **;**

D. Do the same with the verb: **τρώω**

    1. **Γιάννη, τι** _____ **;**

    2. _____ **πατατάκια.**

    3. **Η Μαρία, τι** _____ **;**

    4. **Η Μαρία δεν** _____ **πατατάκια,**

    _____ **μια σοκολάτα.**

E. Write the word:

    1. _____   2. _____

Η Ανθούλα

A. Answer the questions:

1. **Τι έχει η Ανθούλα;**

    _____

2. **Πώς είναι το γατάκι;**

    _____

3. **Πώς είναι τα σημάδια που έχει;**

    _____

4. **Τι κάνει η Ανθούλα στο γατάκι της;**

    _____

B. Fill in the blanks with: **κάθομαι, κάθεσαι, κάθεται**

1. **Το παιδί** (sits) _____
2. **Εγώ** (I sit) _____
3. **Εσύ** (you sit) _____

C. Fill in the blanks with: **όμορφος, όμορφη, όμορφο, όμορφα**

1. _____ **σπίτι**   5. _____ **Ανθούλα**
2. _____ **κρεβάτι**   6. _____ **ουρανός**
3. _____ **θάλασσα**   7. _____ **κήπος**
4. _____ **λουλούδι**   8. _____ **παιδιά**

D.   Match the following:

1.   **το κρεβάτι**   nose

2.   **η ουρά**   mark

3.   **η μύτη**   corner

4.   **το πόδι**   bed

5.   **η γωνιά**   tail

6.   **το σημάδι**   beautiful

7.   **όμορφο**   foot

E.   Two or more:

1.   **ένα γατάκι**   **δυο** _____

2.   **μια ουρά**   **δυο** _____

3.   **ένα κρεβάτι**   **πολλά** _____

4.   **ένα σημάδι**   **δυο** _____

5.   **μια μύτη**   **δυο** _____

6.   **ένα πόδι**   **πολλά** _____

F.   Translate to Greek:

1.   a beautiful kitten   _____

2.   a white kitten   _____

3.   a small bed   _____

4.   a large bed   _____

5.   a little tail   _____

42

Ο Κώστας

A.   Check the correct answer:

1.   **Το σκυλάκι του Κώστα το λένε:**
       Ασπρούλη   ____
       Μαυρούλη   ____
       Κοκκινούλη   ____

2.   **Το σκυλάκι του Κώστα είναι:**
       άσπρο και μαύρο   ____
       ολόασπρο   ____
       ολόμαυρο   ____

3.   **Το σκυλάκι είναι:**
       ζωηρό και έξυπνο ____
       άγριο και ζωηρό   ____
       μικρό και χαδιάρικο ____

B.   Write the word:

1. _____   2. _____   3. _____

43

C. Circle the correct answer using the verb **χτενίζω**:

1. **Η Μαρία (χτενίζεις, χτενίζει) τα μαλλιά της.**

2. **Ο παππούς δε (χτενίζουν, χτενίζει) τα μαλλιά του.**

3. **Τα παιδιά (χτενίζουν, χτενίζεις) τα μαλλιά τους.**

4. **Εγώ τα (χτενίζουν, χτενίζω, χτενίζει) κάθε πρωί.**

D. Circle the correct answer using the verb **καθαρίζω**:

1. **Εγώ (καθαρίζουμε, καθαρίζω) το δωμάτιό μου.**

2. **Εσύ (καθαρίζεις, καθαρίζει) το θρανίο σου.**

3. **Ο Γιώργος (καθαρίζετε, καθαρίζουν, καθαρίζει) το σκυλάκι του.**

E. Translate using the verbs **έρχομαι** "I come" and **πηγαίνω** "I go":

1. I come to school. _____

2. I go home. _____

3. He comes to school. _____

4. She goes home. _____

5. You come to school. _____

6. You go home. _____

F. Use these words: **έξυπνος, έξυπνη, έξυπνο, έξυπνα**

1. _____ **παιδί**   4. _____ **πατέρας**

2. _____ **μητέρα**   5. _____ **παιδιά**

3. _____ **πουλί**   6. _____ **μαθητής**

44

Μάθημα εικοστό πρώτο - Lesson 21

Ο Μιχάλης

A.   Check the correct answer:

1.   **Ο Μιχάλης τρώει:**
     μια σοκολάτα   _____
     πατατάκια   _____
     παγωτό   _____

2.   **Ο Μιχάλης έφαγε:**
     ένα πιάτο παγωτό   _____
     δυο χωνάκια παγωτό   _____
     τρεις μεγάλες σοκολάτες   _____

3.   **Ο Μιχάλης θέλει και άλλο παγωτό:**
     γιατί του αρέσει το παγωτό   _____
     γιατί πεινά   _____
     γιατί δεν τρώει τίποτα άλλο   _____

B.   Translate the words in parentheses to Greek:

1.   **Ο πατέρας** (gives) _____ **στον Γιάννη.**

2.   **Ο Γιάννης** (eats) _____ **παγωτό.**

3.   **Το παγωτό** (is) _____ **κρύο.**

4.   **Το πιατάκι** (has) _____ **παγωτό.**

5.   **Τα παιδιά** (want) _____ **παγωτό.**

C.   Write "**ο, η, το, τα,** or **οι**" in front of these words:

1. _____ **μήνας**   4. _____ **πιάτο**   7. _____ **πιατάκι**

2. _____ **λεφτά**   5. _____ **μέρες**   8. _____ **Μιχαλάκης**

3. _____ **πρωί**   6. _____ **βράδυ**   9. _____ **παγωτό**

45

D.   The following sentences are wrong. Can you correct them?
      (You are to correct only the verb in each sentence):

      1.   **Ο πατέρας δίνεις λεφτά στον Γιώργο.** _____
      2.   **Τα παιδιά θέλει πολύ παγωτό.** _____
      3.   **Το πιάτο είμαι μικρό.** _____
      4.   **Εγώ σε βλέπει.** _____
      5.   **Εγώ αγοράζει και τρώει παγωτό κάθε μέρα.**

            _____   _____

E.   Complete with these words: **κρύος, κρύα, κρύο**

      1. _____ **μέρα**   4. _____ **καιρός**
      2. _____ **γάλα**   5. _____ **παγωτό**
      3. _____ **χειμώνας**   6. _____ **σπίτι**

F.   Write the word:

      1. _____   2. _____   3. _____

46

Ο Γιώργος

A.   Check the correct answer:

1.   **Ο Γιώργος είναι:**
ένα μωρό   _____
καλό παιδί   _____
ένα άταχτο παιδί   _____

2.   **Ο Γιώργος αγαπά το αδελφάκι του:**
γιατί το αδελφάκι του είναι μωρό   _____
γιατί το αδελφάκι του δεν κλαίει   _____
γιατί το αδελφάκι του δε φωνάζει   _____

B.   Circle the correct answer:

1.   **Ο μπαμπάς (αγαπούν, αγαπά, αγαπάς) τα παιδιά του.**

2.   **Εγώ (αγαπούμε, αγαπώ, αγαπάτε) τη δασκάλα μου.**

3.   **Εσύ (αγαπάς, αγαπάτε, αγαπούν) τον αδελφό σου;**

4.   **Αυτές (αγαπάτε, αγαπά, αγαπούν) το σχολείο τους.**

5.   **Σε (αγαπά, αγαπώ, αγαπάμε) Ελένη.**

C.   Write the names of the members of the family:

1. father   _____

2. mother   _____

3. brother   _____

4. sister   _____

5. grandfather   _____

6. grandmother   _____

47

D.   Translate these sentences to Greek:

1.   I am a good boy.

_____

2.   I am a good girl.

_____

3.   This is my father.

_____

4.   This is my mother.

_____

5.   I love my grandfather.

_____

6.   I love my grandmother.

_____

Μάθημα εικοστό τρίτο - Lesson 23

Ο Ηλίας

A.   Check the correct answer:

1.   **Ο Ηλίας έχει:**
ένα αυτοκινητάκι   ____
ένα αεροπλανάκι   ____
ένα ποδήλατο   ____

2.   **Ο πατέρας έδωσε στον Ηλία ένα ποδήλατο:**
γιατί ο Ηλίας είναι καλό παιδί   ____
γιατί ο Ηλίας φώναζε και ήθελε το ποδήλατο   ____
γιατί ο Ηλίας είχε γενέθλια   ____

3.   **Ο Ηλίας με το ποδήλατό του:**
πηγαίνει στο σχολείο   ____
τρέχει στον δρόμο   ____
πηγαίνει μόνο στην αυλή   ____

B.   Make these words into sentences:

1.   **αρέσει το Μου πολύ ποδήλατο.**

_____

2.   **από δώρο μπαμπά γενέθλια μου. Είναι τον τα για**

_____

C.   Fill in the blanks with: **μικρός, μικρή, μικρό, μικρά, μικρές**

1. _____ **σπίτι**   4. _____ **ποδήλατο**

2. _____ **αυλή**   5. _____ **δρόμος**

3. _____ **παιδιά**   6. _____ **κούκλες**

D. Translate the words in parentheses to Greek:

    1.   **Σήμερα είναι** (my birthday) _____

    2.   **Ο μπαμπάς και η μαμά μου δίνουν ένα** (gift) _____

    3.   **Είναι ένα** (bicycle) _____

    4.   **Ποιος είναι** (here) _____;

    5.   **Ποιος είναι** (there) _____;

E. Fill in the blanks with: **πλένω**

    1.   **Εγώ** _____ **τα χέρια μου με νερό και σαπούνι.**

    2.   **Εσύ, πότε** _____ **τα χέρια σου;**

    3.   **Όλα τα παιδιά** _____ **το πρόσωπό τους.**

    4.   **Ο Γιωργάκης** _____ **το ποδήλατο.**

F. Match the word to the picture:

    1.   **ο χειμώνας**

    2.   **το καλοκαίρι**

    3.   **η σημαία**

    4.   **οι τηγανιτές πατάτες**

Ο Θοδωρής

A.   Check the correct answer:

1.   **Ο Θοδωρής έχει:**   αεροπλανάκια   ____

αυτοκινητάκια   ____

τρένα   ____

2.   **Τα αυτοκινητάκια έχουν:**   κόκκινο χρώμα   ____

μπλε χρώμα   ____

καστανό χρώμα   ____

3.   **Ο Θοδωρής:**   αγοράζει τα αυτοκινητάκια   ____

τα παίρνει σαν δώρο   ____

τα βρίσκει στον δρόμο   ____

B.   More than one:

1.   **ένα κόκκινο αυτοκίνητο**

δυο _____

2.   **ένα σχολικό λεωφορείο**

δυο _____

3.   **ένας μεγάλος δρόμος**

δυο _____

4.   **ένα μικρό δωμάτιο**

δυο _____

5.   **ένας καλός φίλος**

τρεις _____

6.   **ένα μικρό κορίτσι**

πολλά _____

C.   Say these numbers in Greek:

12   16   11   13   18

19   10   20   17   8

D.   The verb: "I put" - **βάζω**

βάζω	I put
βάζεις	you put
βάζει	he, she, it puts
βάζουν	they put

Complete the sentences using this verb:

1. **Ο Ανδρέας** _____ **τα βιβλία του στο θρανίο.**
2. **Εγώ** _____ **τα παιχνίδια μου στη σειρά.**
3. **Οι μαθητές** _____ **τα βιβλία στη βιβλιοθήκη.**
4. **Εσύ, πού** _____ **τα λεφτά σου;**
5. **Εγώ** _____ **τα λεφτά μου στη τσέπη μου.**

E.   Circle the correct words:

1.   **(μικρό και μεγάλο, μικρή και μεγάλη) πόλη**

2.   **(μικρό και μεγάλο, μικρός και μεγάλος) δρόμος**

3.   **(μικρή και μεγάλη, μικρός και μεγάλος, μικρό και μεγάλο) λεωφορείο**

4.   **(μικρή και μεγάλη, μικρός και μεγάλος) γιαγιά**

52

Ο Ανδρέας

A. Check the correct answer:

1. **Τα κορίτσια παίζουν:**
    με τις κούκλες τους   _____
    τις δασκάλες   _____
    παίζουν ποδόσφαιρο   _____

2. **Η Ελένη λέει ότι κάνει για δασκάλα γιατί:**
    είναι ψηλή   _____
    φοράει γυαλιά   _____
    ξέρει να χορεύει   _____

3. **Η Νίκη λέει ότι κάνει για δασκάλα γιατί:**
    φοράει παπούτσια με ψηλά τακούνια   _____
    η γιαγιά της ήταν δασκάλα   _____
    δε μαλώνει με τις άλλες δασκάλες   _____

B. Complete the sentences with the verb: **φοράω, φοράς, φοράει**

1. **Η γιαγιά _____ γυαλιά.**
2. **Εσύ Μαρία, _____ γυαλιά;**
3. **Όχι, εγώ δε _____ γυαλιά.**
4. **Η Ελένη _____ παπούτσια με ψηλό τακούνι.**
5. **Ελένη, γιατί _____ παπούτσια με ψηλό τακούνι;**
6. **_____ παπούτσια με ψηλό τακούνι, γιατί μ' αρέσουν.**

C.   Form words from the scrambled letters:

Νίκη	**Ελένη**	**γιατί**	**δασκάλα**	**γυαλιά**
ψηλά	**κούκλες**	**κάνει**	**άλλες**	**λέει**

1. **κσλααaδ** _____   3. **εενλη** _____

2. **ηκιν** _____   4. **ιταγι** _____

D.   Fill in the blanks with these words: **ψηλός, ψηλή, ψηλό**

1. _____ **κορίτσι**   4. _____ **δέντρο**

2. _____ **άνθρωπος**   5. _____ **σπίτι**

3. _____ **γυναίκα**   6. _____ **βουνό**

E.   Complete the sentences with these words:

δασκάλα, τακούνια, ναι, παίζουν, γυαλιά, μαλώνουν

1.   **Η γιαγιά φοράει** _____

2.   **Τα παπούτσια της Μαρίας έχουν ψηλά**

_____

3.   **Η κυρία Σοφία είναι η** _____ **μας.**

4.   **Ο Γιώργος και ο Νίκος** _____

5.   **Εσύ είσαι Γιάννη;** _____ **εγώ είμαι.**

6.   **Τα κορίτσια** _____ **τη δασκάλα.**

54

Η Ελένη

A.   Check the correct answer:

    1.   **Η Ελλάδα είναι στην Αμερική.**   ____

          Η Ελλάδα είναι στην Ευρώπη.   ____

          Η Ελλάδα είναι στην Ασία.   ____

    2.   **Η Ελλάδα είναι ένα νησί.**   ____

          Η Ελλάδα είναι μια χώρα.   ____

          Η Ελλάδα είναι μια ήπειρος.   ____

    3.   **Πηγαίνουμε στην Ελλάδα
από την Αμερική:**

                    με τρένο   ____

                    με λεωφορείο   ____

                    με αεροπλάνο   ____

    4.   **Η Αθήνα είναι:**

                    μια πόλη   ____

                    ένα νησί   ____

                    ένα χωριό   ____

B.   Complete the sentences with the verb: **μιλώ**

    1.   **Ο Νίκος _____ με τον πατέρα του.**

    2.   **Ο Γιάννης κι ο Γιώργος _____ στην Μαρία.**

    3.   **Όταν είμαστε στην εκκλησία δε _____**

    4.   **Εσείς όλο _____**

    5.   **Μανόλη, γιατί _____**

    6.   **Εγώ δε _____ . Ο Αντρέας _____**

C.   Use the adjectives **όμορφος, όμορφη, όμορφο, όμορφες, όμορφα:**

1. _____ **πόλη**   4. _____ **κορίτσια**

2. _____ **παιδιά** 5. _____ **θάλασσα**

3. _____ **νησί**   6. _____ **παραλίες**

D.   Write the word:

1. _____   2. _____   3. _____

E.   Translate to Greek:

1.   Greece   _____

2.   America   _____

3.   My father was born in Greece.

     _____

4.   My mother was born in America.

     _____

5.   Athens is a big city.

     _____

Ο Δημήτρης

A. Check the correct answer:

1. **Ο Δημήτρης μετρά:**
    τα τρένα _____
    τα ποδήλατα _____
    τα αεροπλανάκια _____

2. **Ο Δημήτρης έχει:**
    οχτώ αεροπλανάκια _____
    έξι αεροπλανάκια _____
    δέκα αεροπλανάκια _____

3. **Τα αεροπλανάκια του Δημήτρη είναι όλα:**
    άσπρα _____
    έχουν διάφορα χρώματα _____
    είναι όλα πράσινα και μπλε _____

4. **Ένα αεροπλάνο:**
    κολυμπά _____
    περπατά _____
    πετά _____

B. Use the names of days to fill the blanks:

1. **Σήμερα είναι Σάββατο.**
    Αύριο είναι _____

2. **Μεθαύριο είναι** _____

3. **Χτες ήταν** (it was) _____

57

C. Write "**ο, η, το, οι**, or **τα**" in front of these words:

1. _____ φεγγάρι   4. _____ **πράσινο**   7. _____ **κόκκινος**

2. _____ ρουκέτα   5. _____ **κίτρινη**   8. _____ **αεροπλάνα**

3. _____ μέρα   6. _____ **ρουκέτες**

D. Fill in the blank with the correct word:

1. **Η ρουκέτα (πετώ, πετάμε, πετά)** _____
    στον αέρα.

2. **Όταν (μεγαλώσω, μεγαλώσουν, μεγαλώσει)**
    _____ **το παιδί θα γίνει αεροπόρος.**

3. **Πόσα αεροπλανάκια (έχουμε, έχετε, έχεις, έχει)**
    _____ **Γιώργο;**

4. **Του αρέσει πολύ (να παίζω, να παίζεις, να παίζει)**

    _____

E. Match the words of the first column to those of the second:

1. **γρήγορο**   **τριαντάφυλλο**

2. **γρήγορη**   **γάλα**

3. **κίτρινο**   **αεροπλάνο**

4. **κόκκινο**   **ρουκέτα**

5. **λαμπερό**   **άνθρωπος**

6. **άσπρο**   **φεγγάρι**

7. **γρήγορος**   **λεμόνι**

58

Ο Λάκης

A.   Check the correct answer:

1.   **Τον Λάκη τον φωνάζουν «Τρενάκη» γιατί:**
           του αρέσουν οι σοκολάτες   _____
           του αρέσουν τα τρένα   _____
           του αρέσουν τα αυτοκινητάκια   _____

2.   **Ο Λάκης πηγαίνει στο σταθμό να δει:**
           τα αυτοκίνητα   _____
           τα τρένα   _____
           τα αεροπλάνα   _____

3.   **Ο Λάκης πηγαίνει στον σταθμό:**
           με τη γιαγιά του   _____
           με τον θείο του   _____
           με τον μπαμπά του   _____

B.   Complete the sentences with these words: **ταξίδι, τρένο, φεύγει**

1.   **Το τρένο _____ σε μια ώρα.**
2.   **Τα παιδιά πηγαίνουν _____ με το**
       _____
3.   **Το _____ είναι γρήγορο.**
4.   **Τα παιδιά μπαίνουν στο _____ και**
       κάθονται κοντά στο παράθυρο.
5.   **- Πότε _____ το τρένο; ρωτούν.**

C. Fill in the blanks with the correct word:

1. **Το τρένο είναι (γεμάτη, γεμάτο)** _____
   κόσμο.

2. **Ο δρόμος είναι (γεμάτος, γεμάτη)** _____ **νερό.**

3. **Η λίμνη είναι (γεμάτο, γεμάτος, γεμάτη)**
   _____ **ψάρια.**

4. **Ο ουρανός είναι (γεμάτος, γεμάτα, γεμάτη)**
   _____ **από σύννεφα.**

D. Find the hidden words: **τρένο, ταξίδι, σταθμός, φεύγω**

β ι σ κ ο λ α φ α
δ δ τ ρ η ν τ ε μ
τ τ α ξ ι δ ι υ ι
ρ υ θ α κ π φ γ μ
ε φ μ η δ τ κ ω α
ν ο ο α ε ο ς ω τ
ο τ ς α μ ο υ σ ι

E. Say or write the days of the week in Greek:

1. Sunday _____
2. Monday _____
3. Tuesday _____
4. Wednesday _____
5. Thursday _____
6. Friday _____
7. Saturday _____

60

Μάθημα εικοστό ένατο - Lesson 29

Τα Αγόρια

For the last two lessons we will have an oral review of many words and phrases we have learned. You may also write down your answers:

1.   boy   _____

2.   child   _____

3.   I am a boy. _____

4.   I am a girl. _____

5.   My name is John.

     _____

6.   My name is Maria.

     _____

7.   I am a good boy.

     _____

8.   I am a strong boy.

     _____

9.   I know how to greet: Good morning, good evening, good night.

     _____

     _____

10. I am Nick. I play soccer. I like soccer.

     _____

     _____

11. I am Takis. I like to eat. I like ice cream and chocolate.

     _____

     _____

12. I am Manolis. I like potato chips and French fries.

     _____

     _____

13. I am Alexis. I have many balls, red, green, blue, white.

_____

_____

14. I like school. I want to have school on Sundays.

_____

_____

15. I go to Greek school. I study my lessons.

_____

_____

16. This is my dog. It is small and beautiful. I call him Mavrouli.

_____

_____

17. I like ice cream. I eat ice cream. I like it.

_____

_____

18. I have a new bicycle. It is a gift for my birthday.

_____

_____

19. I love little cars. I have many. Small and big.

_____

_____

20. My name is Dimitri. I like airplanes.

_____

_____

Μάθημα τριακοστό - Lesson 30

Τα Κορίτσια

1. I am Sophie. I have many friends. I have beautiful hair and black eyes. _____

    _____

2. I am Margarita. I like the red color. I have a red dress and red shoes.

    _____

    _____

3. Do you know who I am? I am Rena. I like the violin. I play violin.

    _____

    _____

4. I am Alexandra. I like good bread and tomatoes.

    _____

    _____

5. I am Athena. I like to draw. I draw a Greek flag.

    _____

    _____

6. I am Anna. I know many things. I know all.

    _____

    _____

7. I like to dance very much. My name is Evangelia.

    _____

    _____

8. I am Maria. I love flowers. They are beautiful.

    _____

    _____

9.   I like ducks. I see them in the park. One duck, two ducks.

_____

_____

10.   My kitten. Small, cute, it is all mine.

_____

_____

Flash Cards   Μάθημα πρώτο

boy

girl

cheese

apple

milk

strong

το κορίτσι	το αγόρι
το μήλο	το τυρί
δυνατό	το γάλα

Flash Cards

good morning

good evening

good night

1

one

2

two

3

three

καλησπέρα	καλημέρα
ένα	καληνύχτα
τρία	δύο

Flash Cards Μάθημα τρίτο

eye

hair

face

alpha

beta

I read

τα μαλλιά	το μάτι
άλφα	το πρόσωπο
διαβάζω	βήτα

Flash Cards

he plays

school

summer

winter

orange juice

water

το σχολείο	παίζει
ο χειμώνας	το καλοκαίρι
το νερό	η πορτοκαλάδα

Flash Cards   Μάθημα πέμπτο

clothes

socks

shoe

belt

red

white

οι κάλτσες	τα ρούχα
η ζώνη	το παπούτσι
άσπρο	κόκκινο

quiet

music

violin

you make me dizzy

do not listen

close

η μουσική	ήσυχο
με ζαλίζεις	το βιολί
κλείσε	μην ακούς

Flash Cards

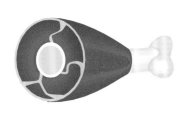

ham

chicken

lettuce

steak

bread

tomato

η κότα	το ζαμπόν
το κρέας	το μαρούλι
η ντομάτα	το ψωμί

8

eight

kitchen

potato chips

refrigerator

meal

open

η κουζίνα	οχτώ
το ψυγείο	τα πατατάκια
ανοίγω	το φαγητό

Flash Cards

flag

line

blue

green

paint

I paint

η γραμμή	η σημαία
πράσινο	μπλε
ζωγραφίζω	η μπογιά

Flash Cards

morning

night

potato

french fries

4

four

5

five

το βράδυ

το πρωί

οι τηγανιτές πατάτες

η πατάτα

πέντε

τέσσερα

Flash Cards *Μάθημα εντέκατο*

she talks

teacher (woman)

father

6

six

7

seven

8

eight

η δασκάλα	μιλάει
έξι	ο πατέρας
οχτώ	εφτά

Flash Cards Μάθημα δωδέκατο

I play

brown

orange

yellow

video game

black

καστανό	παίζω
κίτρινο	πορτοκαλί
μαύρο	το ηλεκτρονικό παιχνίδι

Flash Cards Μάθημα δέκατο τρίτο

map

bookcase

board

teacher (man)

13

thirteen

chalk

η βιβλιοθήκη	ο χάρτης
ο δάσκαλος	ο πίνακας
η κιμωλία	δεκατρία

Flash Cards Μάθημα δέκατο τέταρτο

she dances

dance

name

ten

song

fourteen

ο χορός	χορεύει
δέκα	το όνομα
δεκατέσσερα	το τραγούδι

Flash Cards

all the people

lessons

clean

I listen to

grandfather

grandmother

τα μαθήματα	όλος ο κόσμος
ακούω	καθαρό
η γιαγιά	ο παππούς

flower

rose

bush

I cut

fifteen

sixteen

το τριαντάφυλλο

το λουλούδι

κόβω

ο θάμνος

δεκαέξι

δεκαπέντε

Flash Cards Μάθημα δέκατο έβδομο

they fly

duck

I swim

I walk

park

seventeen

η πάπια	πετούν
περπατώ	κολυμπώ
δεκαεφτά	το πάρκο

Flash Cards

Μάθημα δέκατο όγδοο

12

twelve

I eat

hand

11

eleven

chocolate

18

eighteen

τρώω	δώδεκα
έντεκα	το χέρι
δεκαοχτώ	η σοκολάτα

Flash Cards Μάθημα δέκατο ένατο

kitten

nineteen

foot

tail

I sit

bed

δεκαεννέα	το γατάκι
η ουρά	το πόδι
το κρεβάτι	κάθομαι

Flash Cards

puppy

I love

20

twenty

he combs

road, street

bath

αγαπώ	το σκυλάκι
χτενίζει	είκοσι
το μπάνιο	ο δρόμος

Flash Cards
Μάθημα εικοστό πρώτο

ice cream

cone

21

twenty one

he likes

9

nine

I give

το χωνάκι	το παγωτό
του αρέσει	είκοσι ένα
δίνω	εννέα

Flash Cards   Μάθημα εικοστό δεύτερο

baby

he cries

mother

twenty two

father

they love me

κλαίει	το μωρό
είκοσι δύο	η μητέρα
με αγαπούν	ο πατέρας

Flash Cards *Μάθημα εικοστό τρίτο*

bicycle

gift

birthday

I clean

twenty three

new

το δώρο	το ποδήλατο
καθαρίζω	τα γενέθλια
καινούργιο	είκοσι τρία

Flash Cards Μάθημα εικοστό τέταρτο

car

small car

they run

bus

floor

I run

το αυτοκινητάκι	το αυτοκίνητο
το λεωφορείο	τρέχουν
τρέχω	το πάτωμα

glasses

heels

24

twenty four

25

twenty five

yes

no

τα τακούνια

τα γυαλιά

είκοσι
πέντε

είκοσι
τέσσερα

όχι

ναι

Flash Cards

Μάθημα εικοστό έκτο

Greece

Europe

America

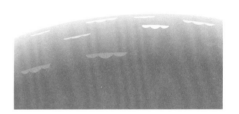

sea

twenty six

city

η Ευρώπη	η Ελλάδα
η θάλασσα	η Αμερική
η πόλη	είκοσι έξι

Flash Cards Μάθημα εικοστό έβδομο

airplane

small airplane

rocket

twenty seven

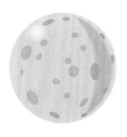

moon

day

το
αεροπλανάκι

το
αεροπλάνο

είκοσι
εφτά

η ρουκέτα

η μέρα

το φεγγάρι

train

they call, they shout

twenty eight

trip

time

brain

φωνάζουν	το τρένο
το ταξίδι	είκοσι οχτώ
το μυαλό	η ώρα